PAOLA RENZETTI

LA MIA SPESA SANA

Come Raggiungere Il Benessere Attraverso Il Consumo Di Alimenti Sani e Grazie a Una Spesa Intelligente

Titolo

"LA MIA SPESA SANA"

Autore

Paola Renzetti

Editore

Bruno Editore

Sito internet

http://www.brunoeditore.it

Sommario

Introduzione

Mi capita quasi tutti i giorni, dopo aver lasciato i figli a scuola, di fermarmi a fare due chiacchiere con le altre mamme e, puntualmente, c'è quella di turno che ci saluta con sguardo stravolto dicendo: "Ragazze scappo, devo andare a fare la spesa", come fosse un sacrificio.

Ormai sono anni che ho smesso di fare una spesa completa al supermercato, non sono più capace. Mi trovo a disagio e impiegherei una giornata intera, trascinandomi tra una corsia e l'altra del supermercato per uscire con il sacchetto semivuoto e profondamente insoddisfatta.

Le conoscenze che ho acquisito in questi anni, attraverso i miei studi universitari, e lo spirito critico che continuo sempre a maturare e a trasmettere alla mia famiglia in materia di corretta alimentazione, mi costringono a ispezionare minuziosamente tutte le confezioni che mi capitano sottomano per decifrare le etichette degli alimenti e dei cosmetici che ci vengono proposti tra gli scaffali della grande distribuzione.

Elenchi di ingredienti più o meno lunghi e spesso indecifrabili. Un altro argomento che mi fa riflettere, girando all'interno di un supermercato, è l'impatto ambientale e sanitario delle merci che sono stipate negli scaffali o nei frigoriferi. Tutto è contenuto in imballaggi il più delle volte inutili ma, belli, colorati, con slogan accattivanti, emozionali, che hanno il compito di attirare la nostra attenzione e inconsciamente ci dicono: "comprami".

Cibi già pronti, ultra-processati, con un elenco di ingredienti che per decifrarli dovremmo avere il dizionario a portata di mano: insalate e verdure già lavate e tagliate che costano 4 volte di più. La concorrenza tra i supermercati si basa esclusivamente sul prezzo e impone di sedurre i consumatori con offerte sottocosto.

Ma ti sei mai chiesto chi paga questo sottocosto? La grande distribuzione si vede costretta a rifornirsi al più basso costo possibile dai produttori, i quali si vedono obbligati a ridurre all'osso i prezzi di produzione, della materia prima, e spesso quelli della manodopera dei lavoratori.

Mangiare e bere sono tra i bisogni primari dell'uomo, bisogni legati a esigenze fisiologiche naturali e primarie perché legate alla sopravvivenza, ma ciò non vuol dire solo riempire la pancia e saziarsi. È altrettanto importante il "come si mangia".

La ricetta giusta è quella di consumare cibi buoni e di qualità in quantità adeguate, variandoli il più possibile, magari aggiungendo alimenti nuovi, che non hai mai utilizzato alla tua dieta. Perché essere consapevoli di ciò che si ha nel piatto è importante quanto il modo di mangiare. Prendere il tempo per cucinare, mangiare e condividere un momento di relax e in un ambiente amichevole, sono tutti elementi che hanno un impatto diretto sulla nostra alimentazione.

Un corretto regime alimentare contribuisce a costruire, rafforzare, mantenere il corpo e a fornire l'energia quotidiana indispensabile al buon funzionamento dell'organismo. Una giusta alimentazione è dunque determinante per un sano sviluppo fisico in tutte le fasi della vita: l'infanzia, l'adolescenza, l'età adulta e la vecchiaia.

Mangiare sano aiuta a prevenire e a trattare molte malattie croniche come l'obesità e il sovrappeso, l'ipertensione arteriosa, le malattie dell'apparato cardiocircolatorio, le malattie metaboliche, il diabete tipo 2, alcune forme di tumori. Inoltre, una sana alimentazione fortifica il sistema immunitario contribuendo a proteggere l'organismo da alcune malattie non direttamente legate alla nutrizione.

Nelle pagine di questo libro, ti svelerò tutti i miei segreti su come evitare gli errori, da quelli più comuni a quelli più insidiosi, e su come realizzare le tue buone pratiche che ti porteranno, come me e i miei familiari, ad eliminare medicine e appuntamenti dal medico per i tuoi continui malanni comuni.

Ti insegnerò a essere "fuori dal coro", a non farti "conformare" da chi ti vede e ti vuole nel gregge. Ti insegnerò a essere te stessa, a ragionare con la testa e a scegliere secondo le cose che imparerai.

Capirai quanto è potente il potere di alcuni ingredienti nei prodotti, capaci di farci acquistare qualunque cosa senza che ce ne rendiamo conto. Spesso, si tratta di vera e propria manipolazione delle coscienze, perpetrata da menti sapienti e allenate a farti acquistare prodotti buoni ma non sempre utili per la tua salute.

Per raggiungere questo traguardo, però devi essere disposta a fare un primo passo, il resto non sarà difficile. Devi iniziare a proteggere e migliorare la tua salute e il tuo benessere iniziando dal "carrello della spesa". Questo è il primo e più importante passo del cammino che intraprenderai con me.

Io ti sarò a fianco fino alla tua meta. Questa è la mia promessa. Ora sei pronta a fare il primo passo? Let's go.

Capitolo 1:

Come cambiare le abitudini alimentari nocive
"Questa abitudine nuoce gravemente alla salute"

Il mio interesse per la natura nei suoi diversi ambienti e sfaccettature, e l'impegno e la passione con cui ho frequentato un gruppo scout della mia città per 10 anni, hanno influenzato da sempre il mio stile di vita ecologica e la scelta dei miei studi universitari in Scienze Biologiche.

Questa mia inclinazione, supportata dallo studio delle diverse discipline, mi ha sempre portato a cercare le più diverse soluzioni ai vari problemi di salute, prima di ricorrere alle medicine. Un corretto stile di vita, i rimedi naturali, la fitoterapia, sono sempre stati i primi rimedi a cui mi sono affidata alla comparsa di qualsiasi problema di salute.

"Perché ricorrere subito alle medicine, se la natura ci mette a disposizione tante semplici soluzioni, che non hanno effetti collaterali e sono anche più economiche?" Questa è la frase che balena da sempre nella mia testa.

Durante i miei studi universitari ho vissuto, per diversi anni, nella città di Bologna, dove adoravo frequentare le erboristerie, le botteghe del commercio equo e solidale e piccoli negozi, specializzati in spezie e aromi, anche perché negli anni '90, non c'erano ancora negozi di alimenti naturali o bioprofumerie.

Le cose che mi attiravano nel frequentare queste botteghe erano svariate. Innanzitutto, i diversi profumi che mi avvolgevano entrando, mi mettevano sempre di buonumore. Inoltre, in queste piccole realtà è facile instaurare rapporti di amicizia e fiducia con chi ci lavora, sempre pronto a darti ottimi consigli sui prodotti e i loro utilizzi.

La differenza con il commesso del supermercato è proprio questa: la conoscenza del prodotto partendo dalla storia dell'azienda che lo produce, dalle materie prime di cui è composto e dalla loro provenienza, dalle caratteristiche che esso possiede e se è adatto alle tue esigenze.

Quando con mio marito Francesco decidemmo di fondare Saperi Locali, non eravamo del tutto coscienti di quello che ci attendeva, ma eravamo assolutamente certi che stavamo facendo la cosa giusta.

Erano anni, oramai che avevamo abbracciato alcuni stili di vita sani. Anche lui era piuttosto preparato sulle questioni alimentari, grazie ai suoi studi da perito agrario e una esperienza maturata nell'azienda agricola di famiglia, abbiamo impostato questo stile di vita anche con i nostri figli. Uno di questi era quello di utilizzare per la nostra alimentazione e per la cura estetica del nostro corpo, prodotti che non contenessero un elenco chilometrico di ingredienti, di conservanti, di additivi, la cui funzione nutrizionale mi sfuggiva e anzi, sempre di più mi insospettiva.

Per noi e per loro andiamo sempre alla ricerca di alimenti genuini, di sicura provenienza, che hanno una storia, si perché ciò ci aiuta a capire il valore alimentare di quello che mangiamo. Molte coppie percepiscono questa esigenza e si avvicinano ad una alimentazione più sana solo con l'arrivo di un figlio, come se per loro adulti è una cosa che non li riguarda.

Ormai studi scientifici hanno dimostrato che stile di vita e alimentazione aiutano a prevenire numerose patologie, anche croniche.

Come tutte le cose belle della vita, spesso, queste arrivano dopo un lungo "inverno". Si, sono proprio i brutti momenti che ti permettono di guardarti dentro e riflettere su ciò che hai fatto sino ad ora e stai ancora facendo. E allora, cerchi quella luce, quell'idea che ti permette di vedere, anche se lontana, la "primavera".

Il nostro brutto "inverno" fu quando mio marito, a causa del suo lavoro di consulente, iniziò a frequentare mense, ristoranti, trattorie e fast-food. Era a Roma mentre noi abitavamo a Pescara e questo significò che tre volte al giorno, colazione, pranzo e cena, almeno 4 giorni a settimana, doveva mangiare fuori casa.

L'impatto fu devastante. Lui che, quando lo sposai pesava 65 kg, in tre anni arrivò a pesarne 81 di kg, passando dalla taglia 46 slim alla 50 abbondante.

Fu, in quel periodo, che iniziò a monitorare quali effetti quell'esperienza di vita gli stavano producendo nel corpo: colesterolo LDL alto, irrigidimento delle articolazioni, intestino sotto-sopra, fino a spuntar fuori la sinusite che da allora, lo accompagna sino a oggi.

Ora potete capire quanto io fossi preoccupata. La preoccupazione nasceva dal fatto che, ciò che avevo imparato dai miei studi universitari in biologia, mi fornivano informazioni importanti che, incrociate con quanto stava accadendo dentro la mia famiglia, mi portavano sempre alla stessa conclusione: la salute di mio marito stava peggiorando e con essa anche il nostro futuro sarebbe stato minacciato. Era proprio quel tempo, quando sono iniziati ad arrivare i nostri figli. La prima è stata Maia, e poi a seguire Sara e Lorenzo.

Ora, per chi sta leggendo questa mia testimonianza, sa a cosa mi riferisco. Avevo paura. Avevo paura di vedere mio marito peggiorare in salute. Avevo paura di vedere crescere i miei figli in una famiglia disastrata da motivi di salute.

Avevo paura che ci saremo assuefatti al nuovo stile di vita che ci avrebbe verosimilmente consentito di vivere meglio economicamente ma peggio in termini di relazioni e di qualità della vita. Avevo paura perché ero giovane e tutto mi è sembrato più grande di me. Ma si sa, la paura può fare il doppio gioco: o ti paralizza o ti fa reagire. Nel mio caso, ho reagito.

Ho ripreso i miei libri universitari e ho iniziato a studiare i processi metabolici a partire dalla cellula e poi, via via, fino all'alimentazione e a tutto ciò che viene assorbito dal nostro corpo, anche tramite la pelle.

Non solo ma in quegli anni, stiamo parlando degli inizi del primo decennio del 2000, inizia a nascere una nuova consapevolezza, anche sul mercato, di quanto sia importante consumare cibi e prodotti sani, e io ero lì pronta a nutrirmi di queste nuove ricerche, studi, consigli di luminari e di persone che, a quest'argomento, avevano già dedicato molti anni della loro vita.

Non ho aspettato di terminare gli studi per far cambiare regime alimentare e stile di vita a mio marito.

No, quello che ho iniziato subito a fare è stato di cambiare alcuni alimenti nella nostra dieta. Questo è accaduto quando, dopo una serie di disturbi intestinali ripetuti, mio marito fu costretto a ricorrere a una serie di interventi diagnostici che, grazie a Dio, diedero risultati negativi.

Si trattava solo di una grande ed estesa infiammazione che gli impediva di avere un intestino sano, e del colesterolo LDL che era salito alle stelle. Tutto questo era sicuramente collegato al suo debole sistema immunitario, che gli impediva di essere in ottimo stato di salute ad appena 40 anni compiuti.

Quindi, per prima cosa bisognava spazzare via le cattive abitudini a tavola, poi cambiare la dieta e quindi, ridurre le occasioni di stress nel suo stile di vita. Potevo fare tutto io? Assolutamente no. Era importante che anche lui si rendesse conto del suo stato e collaborasse in questa nuova sfida.

L'occasione fu la nascita di nostra figlia Maia. Questo è un fatto che difficilmente lascia le cose come erano. Anzi, ti cambia totalmente la vita e visto che c'eravamo, abbiamo iniziato proprio da lì a cambiarla.

Con la nascita di Maia, mio marito era più presente in casa e questo mi agevolò a tenerlo lontano da trattorie e fast-food. Iniziai quindi a preparare cibi più equilibrati, allontanando dalla nostra dieta, prima le fritture e poi i cibi cotti alla brace. Con gli anni, siamo arrivati a consumare quasi totalmente cibi cotti in acqua e al vapore, con i quali si possono evitare le alte temperature che alterano i grassi e i carboidrati contenuti nei cibi.

Però anche questa fase richiedeva il coinvolgimento di mio marito nel nuovo percorso e la sua piena consapevolezza. Quindi, iniziai a passargli i miei libri e ciò che stavo leggendo sull'argomento, e lui iniziò a divorarli con passione e tantissima curiosità. Quando iniziò a trovare alcune delle risposte a suoi problemi, per lui non ci fu più un dubbio ma solo certezze. La sua salute veniva prima di tutto.

Con la nascita di una figlia non era solo un suo problema, ma diventava un problema della nostra famiglia e quindi richiedeva una risposta responsabile. Devo dire la verità, è sempre stato un ottimo collaboratore.

RIEPILOGO DEL CAPITOLO 1:

- **Segreto n. 1:** Molti problemi di salute puoi risolverli semplicemente modificando il tuo stile di vita, la tua alimentazione e utilizzando rimedi naturali offerti da negozi specializzati che trovi in giro per la città.

- **Segreto n. 2:** Le abitudini, anche più difficili, costruite sulle tue preferenze di gusto sono difficili da modificare ma non impossibili. Ci vuole un evento importante perché tu possa focalizzare la tua attenzione sul problema e mettere a punto la strategia che ti serve per vincerle. Quindi, inizia con l'analisi del problema, poi passa allo studio dei meccanismi con cui opera l'abitudine e metti in atto piccole azioni quotidiane che ti permettono di sostituire l'abitudine negativa con un'altra più virtuosa.

- **Segreto n. 3:** Per vincere un'abitudine negativa fatti aiutare da qualcuno che ha già acquisito l'abitudine virtuosa a cui intendi puntare. Può essere un esperto della materia, un libro, un negozio specializzato. Fiducia e competenza faranno il resto.

- **Segreto n. 4:** Le abitudini negative, una volta individuate, vanno contrastate subito. Non aspettare di saperne di più. Inizia il cambiamento con piccoli passi, pensando a cosa potrebbe diventare la tua vita se invece non fai nulla. Per migliorare la tua salute non è necessario aver consultato tutti gli esperti a questo mondo. Questo lo puoi sempre fare con il tempo, intanto, inizia a fare una spesa semplice e soprattutto naturale, cercando di assumere pasti sani ed equilibrati. La tua salute nel tempo ti ringrazierà.

Capitolo 2:

Come fare una spesa sana anche in soli 5 minuti

"Meglio l'uovo oggi o la gallina domani?"

La vita è un vero e proprio cammino e come tale, ogni istante è un nuovo passo verso la meta, ogni sapere appreso lungo questo cammino è una tessera del puzzle della tua esistenza che va inserito nel posto giusto, perché alla fine potrai riuscire a vederne un'immagine compiuta, armoniosa, comprensibile.

La curiosità sull'alimentazione sana era tanta nei nostri primi anni di vita di coppia che, iniziammo a dedicare i nostri viaggi, per vacanze e per lavoro, alla scoperta dei "saperi locali", ovvero, di tutti quei segreti e conoscenze che ogni territorio, ogni piccola impresa, custodisce come patrimonio di antica saggezza che porta a produrre una varietà di cibi di eccellente qualità.

Non mi riferisco solo ai territori locali italiani ma a tutti i territori che via via visitavamo in Europa e nel Mediterraneo. Allora era veramente curioso scoprire le parentele tra popoli e culture attraverso il cibo e le abitudini alimentari e allo stesso tempo, cercare di comprendere perché quei cibi erano sani, come avevano contribuito all'evoluzione di quei territori nel tempo.

Insomma, eravamo diventati dei veri e propri *"health food hunters"*: viaggiare sempre con uno scopo che non era solo quello di divertirci, ma, soprattutto, di conoscere ed apprendere i tanti "saperi locali" dei territori che andavamo a visitare.

In tutta questa nostra curiosità e ricerca dei saperi locali c'era però qualcosa che non ci piaceva. Le persone pubblicizzavano i loro fantastici prodotti non perché erano buoni per la salute ma perché erano semplicemente buoni al gusto e questo, se era pur vero, non rendeva giustizia al loro sapere.

Perché sacrificare una cosa importante come la salute al fatto che il prodotto, per essere venduto, doveva essere solo buono? A pensarci, non avevano poi tanto torto. Noi, prima ancora che con il cervello, apprezziamo i cibi per il loro sapore e se una cosa non ci piace, gioco forza, non la mangiamo.

Purtroppo, questa è la nuda verità. Ma siccome sia io che mio marito siamo dei gran testardi per natura, la risposta che ci davano questi bravi produttori non ci accontentava. Dovevamo saperne di più.

Abbiamo iniziato a chiedere a chi vendesse questi prodotti perché aveva iniziato a venderli e perché i loro prodotti erano migliori di quelli di altri? Tutti ci rispondevano che vendevano i loro prodotti perché erano buoni e genuini e quindi per questo erano anche sani e basta. Nessuno di loro aveva chiaro il concetto di "sano". Sano non significa "genuino". Quest'ultimo termine è destinato a giustificare un comportamento reso spontaneamente, senza un fine occulto.

Indubbiamente, i loro prodotti erano genuini ma se erano sani, beh! Questo era un'altra cosa. Intanto, tutti "vendevano i loro prodotti perché erano buoni e forse più buoni di quelli degli altri che chissà cosa ci mettevano dentro".

In poche parole, il mercato dell'offerta non era preparato al fatto che le persone erano interessate a comprare qualcosa anche perché era sana. Oggi, il buono non basta più, bisogna sapere che è importante acquistare e consumare cibi e prodotti, perché sono anche sani. Il fatto che sono buoni dovrebbe essere scontato. Ovvio, se no nessuno li consumerebbe.

Quindi, un prodotto deve essere buono per essere consumato ma deve essere anche sano perché faccia bene alla nostra salute. Finalmente, avevamo capito questa cosa ma non c'era un mercato dell'offerta pronto a soddisfare il nostro sapere. O meglio, non è che non c'erano in giro prodotti adatti alla nostra ricerca, solo che, per acquistarli, bisognava girare un intero *weekend* per negozi.

Era difficile acquistare dei prodotti, selezionandoli dagli scaffali del supermercato, dopo aver letto le etichette. Spesso il prezzo era interessante (prezzo civetta), ma, dopo aver letto l'etichetta e compreso cosa volevano dire quegli ingredienti, conservanti e additivi, bisognava rinunciare all'impresa. Non era proprio un affare. Anzi, l'affare l'avrebbe fatto il nostro farmacista qualche settimana dopo.

Il mio hobby, con il tempo, era diventato un vero e proprio lavoro che andava al di là del mio essere anche una casalinga, oltre che una moglie, una madre ed una insegnante.

Ero riuscita a pianificare la spesa, in funzione della dieta e di quello che offriva il mercato. Le mie esperienze lavorative e, in particolare, l'insegnamento a scuola mi davano l'opportunità di sapere come mettere su un metodo per poter conciliare lavoro-famiglia-casa.

Per coltivare il mio hobby, avevo un metodo e questo era già tanto. Rimaneva, però, solo il fatto che avevo bisogno sempre di un *weekend* per fare la spesa. Non c'era un negozio che mi aiutasse a risolvere il problema della spesa in pochi minuti. Neppure i supermercati del biologico, o peggio, le corsie bio dei supermercati, mi potevano aiutare in questo.

Dietro l'etichetta del biologico non sempre riuscivo a trovare anche un cibo sano dal punto di vista nutrizionale o persone addette alla vendita che erano in grado di rispondere alle mie domande, se un cibo era o meno adatto ad un determinato scopo.

Si trattava perlopiù di commesse bravissime a vendere ma non istruite a rispondere su questioni di salute. Quindi, non mi restava che prendere appunti delle etichette dei prodotti, tornare a casa, fare le mie ricerche e poi, eventualmente, tornare la settimana successiva per acquistare quel prodotto. Un lavoraccio.

Solo la mia passione, che via via era cresciuta, per i cibi sani mi hanno permesso di andare avanti (l'ho già detto prima, sono una persona testarda).

Ma si sa, nulla accade per caso, oppure, come dice il maestro "*shifu*" del mitico Po (il panda della famosa serie Kung Fu Panda della DreamWorks Animation): "il caso non esiste".

Mio marito, che come dicevo nel primo capitolo, svolge il lavoro di consulente, negli anni si era occupato sempre di più di investimenti, di sviluppo locale, di imprenditoria, anche lui con passione e devozione. Visto che la mia passione per il cibo sano stava crescendo, ma il tempo disponibile nel *weekend*, per fare una spesa sana, stava diminuendo, mi propose di essere io la risposta che il mercato non aveva ancora messo a disposizione di chi, come me, era alla continua ricerca di cibi sani.

Non è come sembra. La proposta non era allettante. Io non ero cresciuta in una famiglia di imprenditori. Mio marito non era un imprenditore. I miei amici non erano imprenditori. Io non sapevo nulla di impresa. Come potevo diventare un'imprenditrice?

Il fatto è che anche diventare un'imprenditrice è un metodo e quindi bisogna imparare e io ho iniziato ad imparare, prima di tutto, iniziando a cambiare me stessa. Per diventare qualcuno che non ero mai stata, bisognava che iniziassi a fare qualcosa che non avevo mai fatto.

Mi iscrissi a un corso annuale di crescita e miglioramento personale molto famoso in Italia e partecipai pure ad un Master sull'argomento. Questo era solo l'inizio. Il corso e i miei coach mi diedero gli strumenti, ma il lavoro lo dovevo fare io e visto che c'ero, coinvolsi anche mio marito, così il lavoro lo facemmo in due.

Non ho smesso da allora di studiare come diventare un'imprenditrice e di cambiare in meglio la mia vita, soprattutto gestendo il cambiamento in positivo. Perché il bello di quando si inizia a cambiare è che non si smette mai di cambiare.

A me piace più vedere tutto questo come una "evoluzione", in opposizione al rischio, sempre presente, di "involuzione". Per questo, preferisco evolvermi come persona, come donna, come mamma, come moglie, come esperta e, oggi, anche come imprenditrice.

Così, inizia a prendere forma il nostro progetto "Saperi Locali". Si materializza il 1° ottobre del 2016 con l'apertura del negozio di Pescara. Un luogo pensato per chi come me è sempre alla ricerca di prodotti sani, senza dover impiegare il *weekend* per fare una spesa sana. Come chiamare il negozio? Ovviamente, quello che ci è sembrato più naturale possibile era, appunto, Saperi Locali.

Infatti, non era solo la salute che noi avevamo migliorato in tutti quegli anni. Il miglioramento della salute era stato solo l'effetto ma la causa era stata il voler cambiare il nostro stile di vita.

Per questo avevo migliorato e aumentato i nostri saperi sui tanti patrimoni alimentari locali. Questo era quello che era realmente accaduto: ero diventata un'esperta di come fare una spesa sana. Il consumo di cibi sani aveva migliorato il nostro stato di salute e la nostra felicità, mentre, lo studio che mi aveva portato a selezionare i prodotti aveva fatto di me una vera esperta in materia.

Grazie allo studio e all'applicazione sistematica di quello che avevo appreso, la mia salute e quella della mia famiglia era migliorata e questo ci stava permettendo di vivere una vita di benessere.

Capite il senso di tutto questo? Il paradigma che avevo raggiunto? Pur partendo da un problema di salute di mio marito, avevo finito per cambiare, in meglio, le abitudini di tutta la famiglia, inserendo il cambiamento in ogni cosa che facevamo, a partire dai viaggi in giro per l'Italia, il Mediterraneo e l'Europa.

Il piacere di sapere come veniva prodotto un cibo sano, di come leggere un'etichetta nutrizionale e l'elenco degli ingredienti, di come funziona il cibo nel nostro corpo, di leggere un libro, un articolo o ascoltare una persona che ci spiegava perché alcuni cibi più di altri facessero bene alla nostra salute, ci aveva reso delle persone migliori e felici.

E pensare che per me era tutto partito come un metodo per guadagnare tempo e migliorare la salute di mio marito. Una semplice azione che doveva risolvere un problema e invece aveva cambiato le nostre vite in meglio.

Ora, guardando indietro a quegli anni, mi ritrovo a vedermi mentre salgo una scala: una scala lunga dove ho appena iniziato a salire. Guardo solo il prossimo gradino ma so che la scala è molto più lunga. Non riesco a vedere dove va a finire.

Tuttavia, non è importante vedere la fine di questa scala. Quello che faccio ogni giorno è di concentrarmi sul gradino che sto salendo e sui prossimi che mi attendono, pensando che tutto questo, oggi, lo posso fare non da sola, non solo insieme a mio marito e le mie collaboratrici, ma insieme a tutte le mie clienti.

Si lo so che il plurale, se si tratta di un gruppo non omogeneo, andrebbe al maschile ma, in questo caso, vi dico che la maggioranza è donna. Gli uomini seguono. Sono fatti così, imperfetti, ed è per questo che li amiamo.

Sapere, oggi, di essere un punto di riferimento per tutte queste persone, mi fa sentire una persona migliore, innamorata del mio lavoro e della mia passione.

Ma si sa, per le regole del marketing, l'imprenditore non deve innamorarsi del proprio prodotto ma deve sempre cercare di offrire al mercato tutto quello che il mercato chiede.

Io, purtroppo, non ce la faccio a non essere innamorata del mio lavoro di studiosa, alla continua ricerca di prodotti sani da offrire alle mie clienti, di sperimentare nuove soluzioni e proposte, di conoscere e provare ad aiutare le persone che vogliono stare meglio, in salute e felicità.

Ora hai capito perché il progetto "saperi locali" è un progetto di vita e non semplicemente un metodo. Per questo, sarebbe banale spiegarlo come un semplice negozio, dove puoi comprare prodotti alimentari, cosmetici ed integratori naturali sani.

Per comprare questi prodotti basta il metodo che qui sto per rivelarti: il metodo Sani, che ti permette di fare una spesa sana anche presso altri negozi, anche sotto casa, simili al mio. I prodotti che utilizzi per la tua dieta e la tua cosmesi, li puoi comprare in tanti posti. Oggi, il mercato è saturo di offerte.

Il mio metodo consiste invece nel fare una selezione ragionata di prodotti sani, mettendo sempre al primo posto la salute e poi il gusto, il profumo, le sensazioni.

Quindi, non comprando prodotti perché mi viene offerto uno sconto, non comprando prodotti perché ricevo dei regali, non comprando prodotti perché sono semplicemente marcati.

No, questo è quello che non ti insegnerò. Non sono una commerciante. Sono una biologa esperta nel fare una spesa sana. Scelgo i prodotti perché devono avere una precisa funzione nella nostra dieta.

Quindi, prima di acquistare, bisogna sapere cosa di cui si ha bisogno, comprendere le funzioni e i benefici che quel prodotto può avere per la salute e quindi per la felicità della nostra vita. Nulla è banale o deve essere lasciato alle abitudini.

Le corsie dei supermercati sono invece pensate per soggiogare le volontà; luci, colori, réclame servono tutti a confondere le idee, a farti apparire affare ciò che non lo è affatto. I clienti non devono avere la possibilità di decidere da soli, non hanno il tempo di comprendere, di leggere dietro le righe. Devono solo prendere dallo scaffale e mettere dentro il carrello. E il gioco è fatto.

Se ci pensi, però, quello che compri non è solo un prodotto colorato, un prodotto buono, un prodotto di marca. Quello che stai comprando è un alimento che verrà introdotto nel tuo corpo e che produrrà una serie di effetti sulla tua salute e il tuo benessere.

Alcuni di questi effetti, come il gusto, li conosci già; altri come quelli sulla tua salute, non puoi vederli o sentirli subito. Ci vorrà del tempo e questa è la fregatura. Quando accadono non li riconosci. Non sai perché ti sei ammalata, perché sei infelice, perché la tua salute è peggiorata. Cosa ti ha reso così?

Pensi ancora che le offerte 3X2 siano il miglior modo per fare affari per la tua salute? Spingere le persone a consumare di più e magari di prodotti che non hanno dei buoni effetti sulla loro salute è una speculazione del mercato e non un buon affare per te.

Quante volte le persone escono dal supermercato con il carrello pieno, pensando che hanno fatto dei buoni affari? Tante volte. E quante volte sono in grado di sapere esattamente cosa hanno comprato di buono per la loro salute? Poche volte.

Quindi, cosa vuole dire, oggi, "fare la spesa"? Come spendi i tuoi soldi? Soddisfi solo le tue emozioni o curi, in modo informato, il tuo benessere? Certo, mi rendo conto che non è facile essere informati su cosa è sano e cosa non lo è. No, non lo è proprio!

Servono molti saperi. Serve studiare la biologia della cellula, la fisiologia del corpo umano, la chimica organica, le tecniche di produzione degli alimenti, le tecniche agricole e tante altre informazioni. Lo studio però deve essere il mezzo, un'opportunità per saperne di più. Non deve essere lo scopo.

Lo scopo rimane sempre quello di migliorare la propria salute tramite il consumo di prodotti sani. Molti, invece, sono attratti da tanti saperi ma, poi, in pratica, continuano a fare ciò che hanno sempre fatto. Il risultato, ovviamente, è che alla fine, non vedono nessun risultato positivo, oppure e ancora peggio, pensano di stare bene e invece, non si rendono conto che si illudono di stare bene.

Fare una spesa sana, quindi, non è semplicemente un'azione da mettere in campo da sole. La condivisione, il confronto con gli altri è molto importante. Ti permette di essere più obiettiva, di vedere quello che non riesci a vedere.

Quando ho fondato Saperi Locali non volevo realizzare solo un negozio come luogo dove recarsi per fare la spesa sana. Volevo soprattutto, creare un'occasione per confrontarmi con altre persone e, a sua volta, offrire un luogo di confronto collettivo.

Un'occasione per condividere il sapere anche utilizzando vari canali di comunicazione, come la pagina e il gruppo Facebook, il blog, i seminari con gli specialisti, una semplice chiacchierata mentre si fa la spesa.

Per questo, forse risulto controcorrente rispetto ai *"guru"* del marketing. Purtroppo, io amo il mio lavoro e non riesco a pensare come si possa pensare di vendere di più un prodotto che non è buono per la salute del cliente. Voglio troppo bene alle mie clienti e mi fa stare bene l'idea di essere di aiuto per il loro benessere, la loro felicità.

RIEPILOGO DEL CAPITOLO 2:

- **Segreto n. 1:** Sono pochi gli alimenti che acquistiamo che sono realmente sani. Spesso la spesa che porti a casa è composta di alimenti che soddisfano il tuo gusto, le tue emozioni ma che non hanno buoni effetti sulla tua salute.

- **Segreto n. 2:** Un alimento è sano quando è composto da ingredienti idonei a fornire al tuo corpo microelementi molto importanti per un'ottimale fisiologia dei vari tessuti e organi che compongono il nostro corpo.

- **Segreto n. 3:** Sono pochi i luoghi e i produttori che offrono informazioni adeguate a comprendere se un alimento è sano, oppure, è semplicemente buono. Non sempre, infatti, ciò che è buono è anche sano. Anzi, spesso, gli alimenti sani possono non risultare anche molto buoni e si riescono ad apprezzare solo se ci si è informati sulle importanti proprietà che apportano alla nostra dieta.

- **Segreto n. 4:** Fare la spesa sana vuol dire mettere in pratica molte informazioni apprese con lo studio e il confronto con altre persone esperte. Non bisogna limitarsi solo allo studio ma è importante abituarsi a consumare prodotti sani quotidianamente e condividere le proprie esperienze con altre persone, perché solo così si mettono a punto le sane abitudini.

Capitolo 3:

Come analizzare un alimento prima di comprarlo

"Ogni giorno, quello che scegli, quello che pensi e quello che fai è ciò che diventi" (Eraclito)

Negli ultimi decenni i ritmi frenetici, le attività lontane dalla propria abitazione e la disponibilità sul mercato di una grande varietà di nuovi prodotti alimentari di veloce e facile consumo, hanno modificato il patrimonio nutrizionale e le caratteristiche dello stile alimentare della popolazione italiana, allontanandola dalla tradizionale dieta mediterranea.

Questo modello nutrizionale è studiato da scienziati di tutto il mondo fin dagli anni '50 del secolo scorso, e ancora oggi rimane tra le diete che, in associazione a stili di vita corretti, influisce positivamente sulla nostra salute.

Le dirette conseguenze di questo mutato stile di vita sono svariate, ma te ne elenco solo alcune, quelle più rilevanti sulla nostra salute:

- Aumento del tasso di sovrappeso ed obesità tra bambini ed adolescenti;
- Numero crescente di diagnosi di malattie croniche, metaboliche e cardiovascolari;
- Frequente insorgenza di patologie allergiche o da ipersensibilità ad alcuni ingredienti alimentari.

Fortunatamente, spesso è possibile intervenire su molti disturbi, come quelli sopra elencati, senza ricorrere a farmaci, ma andando semplicemente a recuperare il patrimonio alimentare che è stato, per secoli, nel nostro paese, un esempio di longevità e di buona salute.

In questo capitolo voglio parlarti degli errori legati alla cattiva alimentazione e quindi dei comportamenti che puoi attuare per far fronte alle conseguenze che ne possano derivare e da qui, poi, passerò a svelarti il mio metodo per fare una spesa sana.

Spesso, con i clienti e gli interlocutori, mi piace paragonare il nostro corpo all'automobile, perché esso funziona proprio come una macchina. Perché il motore funzioni alla perfezione ha bisogno del giusto carburante. Sicuramente ti è capitato qualche volta di fare rifornimento dal benzinaio più economico per risparmiare qualche spicciolo e puntualmente la macchina ha iniziato a manifestare comportamenti strani, si avvia con fatica, singhiozza.

Il cibo è il carburante per il nostro corpo. Per questo un'alimentazione corretta ed equilibrata, fatta di alimenti sani, ha un ruolo fondamentale per il suo corretto funzionamento, in quanto fornisce tutte le sostanze e le energie necessarie per svolgere in modo efficiente ed efficace tutte le sue molteplici funzioni vitali.

Come per chi va a fare carburante nella vicina stazione di rifornimento, anche per chi va a fare la spesa si presuppone che sappia cosa mangiare, come scegliere e combinare gli alimenti, come distribuire i pasti durante la giornata. Come ti ho già detto prima, però, il moderno stile di vita rende tutto questo molto più difficile rispetto al passato, per cui spesso ci limitiamo a mangiare sempre le stesse cose, quelle più veloci da preparare: il piatto di pasta, la fettina di carne.

Le verdure, che richiedono troppo tempo per il lavaggio e la cottura, spesso le compriamo pronte e piene di conservanti che ne aumentano la "shelf-life" del prodotto nella corsia del supermercato. Piatti pronti offerti per pochi euro, buoni ma di dubbia salubrità per il nostro corpo.

Non ti dicono la materia prima utilizzata, non sappiamo nulla su come sono stati preparati, non ti dicono come riescono a conservarli così a lungo, non sai come abbinarli per una corretta dieta.

Pertanto è importantissimo imparare, sin da giovanissimi, a impostare il proprio stile di vita e alimentare in modo che risponda alle seguenti caratteristiche: sano, equilibrato e con una dieta variata, che preveda cioè l'introduzione di tutti i gruppi alimentari e nelle giuste proporzioni, e dei micronutrienti di cui necessita, rispettando la stagionalità e la provenienza locale dei prodotti.

Intanto, inizio con lo spiegarti quali sono le principali funzioni che alcuni alimenti hanno sul nostro corpo, per rimanere nell'esempio di prima, su come il carburante viene bruciato dal motore:

a) il gruppo dei cereali e dei tuberi, quale principale fonte di carboidrati, usati tal quali o come prodotti derivati dalla loro lavorazione (ad esempio, la pasta e il pane). Nel consumare prodotti di questo gruppo è bene preferire il cereale tal quale, nella sua versione in chicco, in quanto in grado di apportare una buona quantità di fibra alimentare e di sali minerali. La fibra alimentare facilita il raggiungimento del senso di sazietà, in quanto aumenta il volume del cibo ingerito, rallenta lo svuotamento dello stomaco e stimola la funzionalità intestinale;

b) Il gruppo delle proteine, animali e vegetali, come carne, pesce, uova e legumi. Questi alimenti devono essere distribuiti durante tutti i giorni della settimana, prediligendo più le proteine vegetali a quelle animali, come i legumi, fonte anche di carboidrati e fibre.

A seguire, per importanza, il consumo di pesce, alimento ricco anche di acidi grassi essenziali omega 3, ed infine, al terzo posto la carne, bianca o rossa degli animali da corte o da stalla. La carne, nonostante rappresenta una fonte di proteine ad alto valore biologico (cioè contiene tutti gli amminoacidi essenziali), va consumata in modo limitato a poche porzioni durante la settimana, in particolare le carni rosse e quelle conservate e processate, come i salumi e gli insaccati.

Anche il latte e i suoi derivati sono una fonte di proteine e grassi importanti per il nostro benessere solo se consumati in quantità limitate e in poche occasioni durante la settimana (non sono cibi da consumare tutti i giorni).

c) Il gruppo della frutta e delle verdure (compresi anche gli ortaggi) hanno un apporto calorico basso ma sono ricche di quelle vitamine e sali minerali che hanno una funzione importantissima nello svolgimento di processi metabolici, inoltre sono ricche di antiossidanti che neutralizzano i radicali liberi responsabili di vari processi legati all'invecchiamento; contengono fibra alimentare e acqua. Grazie alla loro varietà sono presenti in tutte le stagioni e non devono mai mancare sulle nostre tavole.

d) Infine, il gruppo alimentare dei grassi. Molto importante per i nutrienti che apporta alla nostra dieta ma a cui dobbiamo fare molta attenzione nel loro consumo, soprattutto nel modo di consumarli, oltre che nelle quantità ideali per una dieta sana. Sono dei macronutrienti, pertanto sono fondamentali per la salute e la funzionalità del nostro organismo e per questo non vanno demonizzati o eliminati dalla nostra dieta. Però, il loro consumo deve essere moderato, poiché sono alimenti ad alta densità energetica, cioè contengono un elevato apporto calorico in un piccolo volume. Sono, insomma, una fonte concentrata di energia.

Alcuni di essi hanno una funzione strutturale per il nostro corpo. Assieme alle proteine, entrano nella costituzione delle membrane cellulari. Altri hanno la funzione di modulare attività cellulari e sono la materia prima per la produzione di ormoni; infine, altri fungono da trasportatori delle vitamine liposolubili (A, D, E, K) di cui favoriscono l'assorbimento.

Ci sono poi gli acidi grassi essenziali come gli omega 3 e gli omega 6, che dobbiamo introdurre con la dieta in quanto il nostro corpo non è in grado di sintetizzarli autonomamente e stimolano la produzione di colesterolo buono, abbassando i trigliceridi.

Tra le tipologie di grassi menzionati prima, sono da preferire gli acidi grassi insaturi, quelli di origine vegetale, in particolare quelli presenti nell'olio extravergine di oliva e quelli contenuti nella cosiddetta "frutta a guscio" (noci, mandorle, pistacchi, etc.) e nei semi oleosi (girasole, lino, chia, sesamo, etc.), in quanto hanno effetti metabolici salutari come l'abbassamento del colesterolo in eccesso nel sangue e il contenimento della glicemia.

Al contrario, un eccesso di acidi grassi saturi (burro e altri grassi di origine animale, come lardo, strutto, panna, ma anche alcuni grassi di origine vegetale, come margarina, panna vegetale, olio di palma, etc.), fa male alla salute ed in particolare al sistema cardiovascolare. Sono difficili da metabolizzare e tendono ad accumularsi nel sangue dando luogo a patologie molto serie e pericolose per la stessa vita.

Possono causare un aumento del colesterolo totale e del colesterolo HDL (quello "cattivo"), con la conseguenza di una maggiore predisposizione a malattie cardiovascolari come infarto e ictus.

In un'alimentazione equilibrata, la quantità di grassi totali non dovrebbe superare mai il 30% del fabbisogno alimentare giornaliero di una persona, nei suoi vari stadi di crescita e/o di vita.

Come dicevo sopra, i grassi sono molto importanti nella nostra alimentazione ma solo se assunti in modo corretto. Laddove possibile, il consiglio è di ridurre gli alimenti molto ricchi di grassi saturi, *in primis* prodotti confezionati dolciari e alimenti di origine animale, sostituendoli con cibi fonte di acidi grassi polinsaturi come frutta secca e pesce azzurro.

Fate molta attenzione ai grassi nascosti negli alimenti industriali; servono più per scopi legati ad aumentarne il gusto, la friabilità dell'alimento, quindi, più per ragioni commerciali che per finalità prettamente nutrizionali.

Invece, sai quali sono gli alimenti da evitare nei cibi, spesso nascosti ed impiegati come conservanti o come *"addiction"* verso il consumatore? *In primis*, lo zucchero.

Una storica réclame recitava: "Lo zucchero è pieno di vita". Andava in onda sugli schermi televisivi negli anni '80. Altri tempi?

Con il benessere sono cambiate le abitudini alimentari, ma gli *spot* in TV continuano a proporre cibi saporiti, belle immagini che hanno la funzione di stimolare il desiderio, il cibo si assapora anche con gli occhi.

Ed ecco che nei cibi spunta l'aggiunta di additivi, come sale, zucchero e dolcificanti vari che hanno alterato il sapore originario degli alimenti e hanno modificato profondamente i gusti dei consumatori, tanto che sempre più spesso, il consumatore non riesce più a riconoscere un prodotto tradizionale rispetto alla sua imitazione "industriale" di oggi.

Quando parliamo di cibi dolci dobbiamo distinguere tra gli alimenti che contengono naturalmente zuccheri, come la frutta, la verdura, il latte, i cereali, ma anche altri nutrienti importanti come vitamine, fibre, proteine. Alimenti a cui vengono aggiunti zuccheri raffinati o sostanze ad effetto dolcificante che in realtà contengono solo calorie e nessun nutriente, come caramelle, cibi energetici, ma anche gli insaccati, i cibi impanati, le bevande gassate, le bevande vegetali e i succhi di frutta.

L'Organizzazione Mondiale della Sanità (OMS) raccomanda di non superare una quantità di zuccheri semplici pari al 10% del fabbisogno calorico giornaliero. Questo riguarda soprattutto la quantità di zuccheri aggiunti presenti nei cibi processati ed ultra-processati.

Dal momento che gli zuccheri naturalmente presenti nei cibi non si possono e non si devono eliminare, ridurre la quantità di zuccheri aggiunti che assumi nella tua dieta è importante quando fai la spesa.

Basta pensare che il 60% dello zucchero che assumi ogni giorno proviene dai cibi industriali confezionati. Contengono molti zuccheri aggiunti: gli snack confezionati, gli insaccati, le zuppe e i sughi pronti, la maionese, il ketchup, le bevande gasate e i succhi di frutta, lo yogurt, i cereali per la colazione, le panature di alcuni cibi.

Riducendo lo zucchero aggiunto e gli alimenti che contengono molti o esclusivamente zuccheri, ad esempio le bevande zuccherate e i succhi di frutta industriali, riduciamo le calorie vuote, cioè quelle che non apportano altri nutrienti importanti per una migliore qualità della vita (vitamine, sali minerali, fibre).

Gli studi dimostrano che il consumo di zuccheri aggiunti è tra le cause del sovrappeso dell'uomo, in quanto introduciamo più calorie di quelle che consumiamo. Inoltre è correlato con l'insorgenza di carie dentale, obesità, diabete, colesterolemia e malattie cardiovascolari.

Un'attenzione particolare all'eccessivo consumo di questi alimenti deve essere rivolta ai cibi per bambini e per adolescenti, poiché in queste popolazioni aumenta il rischio di diabete di tipo 2, patologie cardiovascolari, carie dentali e predispone allo sviluppo della sindrome metabolica.

Quindi, via dal carrello della spesa le caramelle, le merendine confezionate, gli snack e i cioccolatini al latte, soprattutto quelli destinati ai bambini e agli adolescenti, poiché non sono proprio un affare per la salute di chi li consuma e perché sono in grado di innescare abitudini difficilmente da rimuovere a causa della capacità di convincere le nostre emozioni più indifese.

Hanno un effetto subdolo nella psiche di chi li consuma tanto da diventare dei propri "*food addiction*" in breve termine. Su tale effetto, si basano le strategie di vendita che esaltano il consumo di bevande analcoliche gassate o meno, prodotte con acqua e zucchero o altre sostanze dolci come gli sciroppi di glucosio o mais, ai quali sono aggiunti altri ingredienti per rendere gradevole il gusto e il colore.

Purtroppo, il loro consumo è entrato a far parte delle abitudini quotidiane di molte famiglie, spesso sostituendo una normale bottiglia di acqua come bevanda per accompagnare i pasti.

Per contrastare tali cattive pratiche e scoraggiare le ditte produttrici dal perseguire i loro obiettivi di mercato a danno della salute dei consumatori, di recente, alcuni paesi hanno introdotto la "*sugar tax*", ovvero una tassa sulle bevande zuccherate che costringe le ditte produttrici a contribuire alle spese del sistema sanitario nazionale, impegnato a curare le malattie da sovrappeso e l'obesità, a qualsiasi età, ma soprattutto nei bambini.

Lo scopo della tassa è convincere le aziende che producono queste bevande a diminuire la quantità di zuccheri aggiunti. In molti paesi si stanno osservando i primi risultati positivi di questa nuova misura di contrasto.

Altro alimento sul tavolo degli imputati per l'attentato alla nostra salute è il sale. Così come lo zucchero e alcuni tipi di grassi che ho sopra descritto, il sale fa parte di una categoria di sostanze utilizzate dall'industria alimentare per esaltare il gusto degli alimenti.

Un tempo, il sale da cucina (comunemente noto come sale marino) veniva utilizzato per conservare gli alimenti. Nel passato, infatti, il sale permetteva di conservare carne, pesce e vegetali che venivano completamente immersi in esso, così da consentire il consumo nel tempo dell'alimento trattato, ma da quando esistono frigorifero e congelatore, questa tecnica di conservazione si può ritenere ampiamente superata per tantissimi alimenti, eccetto per gli insaccati e i salumi.

Il sale, dunque, era un prodotto prezioso per l'alimentazione complessiva dell'uomo. Basti pensare che esso era dato ai militari romani come retribuzione, da cui deriva appunto il termine "salario".

Il sodio contenuto nel sale è un elemento importante per l'organismo, in quanto, grazie al suo equilibrio con il potassio, permette l'idratazione dell'organismo. Ma il problema sulle diete di oggi è che, l'industria alimentare usa il sale in modo abusivo: non solo per aumentare la conservazione degli alimenti, ma anche per modificare i gusti delle persone, portandoli a preferire un determinato alimento perché reso più gustoso grazie alle sostanze dette insipidatori, come ad esempio il glutammato monosodico noto anche come E621.

Circa il 75% dell'introito di sale nel nostro organismo deriva da quello contenuto in alimenti industriali e non necessariamente da quello che aggiungiamo noi alle pietanze a tavola. Infatti, il sale si trova in tanti alimenti trasformati, anche in quelli dolci, perché è un esaltatore di sapori e a noi piacciono gli alimenti saporiti.

Tra gli alimenti industriali più salati, ne possiamo annoverare alcuni, anche insospettabili, come:

- il pane e gli altri prodotti da forno, anche se dolci, rappresentano una delle maggiori fonti di consumo; essi sono quasi sempre con una forte aggiunta di sale. In 100 grammi di pane troviamo circa 1,5-1,7 grammi di sale. Se consideriamo che l'Organizzazione Mondiale della Sanità raccomanda un consumo giornaliero di sale inferiore ai 5 grammi, i conti sono presto fatti;

- Insaccati, salumi e formaggi stagionati;

- Pesce conservato al naturale o sott'olio;

- Salse da condimento come ketchup, maionese, salsa di soia.

Un consumo abbondante di sale nel tempo è un fattore di rischio per l'instaurarsi dell'ipertensione arteriosa, le malattie del cuore, dei vasi sanguigni e dei reni. Inoltre, provoca perdite di calcio nelle urine e porta ad un maggior rischio di osteoporosi.

Pensa che bastano anche piccole riduzioni del consumo di sale per abbassare il rischio di queste malattie croniche.

Nei nostri pasti giornalieri, non possono mancare i micronutrienti, sostanze nutritive che devono necessariamente essere assunte dall'organismo e sono indispensabili ai fini del corretto funzionamento del metabolismo. Sono le vitamine e i sali minerali.

I micronutrienti sono contenuti in tantissimi alimenti, soprattutto quelli che appartengono al gruppo frutta e verdura, per cui basta seguire una dieta varia ed equilibrata per assicurarsi il giusto apporto giornaliero di vitamine e di oligoelementi.

Sono contenuti naturalmente sia nei prodotti di origine vegetale sia in quelli di origine animale, non apportano energia, ma servono allo svolgimento di numerose funzioni:

- Plastiche, come il calcio e il fosforo che costituiscono ossa e denti, mentre, il ferro è un componente fondamentale dell'emoglobina nei globuli rossi;

- Regolatrici, come il sodio e il potassio, che intervengono nella trasmissione degli impulsi nervosi e nella regolazione del ritmo cardiaco, nella contrazione muscolare e nella coagulazione del sangue;

- Per prevenire numerose malattie (varie forme di anemia, disturbi del sistema nervoso);

- Partecipano alla produzione di energia;

- Hanno un'azione protettiva antiossidante nei confronti dei radicali liberi;

- Migliorano i meccanismi difensivi del sistema immunitario;

- Guidano le reazioni chimiche delle cellule e dei tessuti, in quanto contribuiscono alla regolazione dell'attività enzimatica.

Dunque una buona strategia per vivere nel benessere è seguire un'alimentazione corretta. Oltre all'assunzione nelle giuste proporzioni di macronutrienti, è necessario assumere anche i micronutrienti, non dotati di potere calorico e nutritivo, ma che sono in grado di svolgere effetti benefici e protettivi per la salute dell'organismo umano.

Essi oggi sono chiamati nutraceutici ed io ne ho classificati 10 per qualificare la mia spesa, come sana.

(Vedi foto alla pagina successiva)

BOLLINO SANI	NUTRACEUTICO	DESCRIZIONE PROPRIETA' SULLA SALUTE
	Omega-3 e Omega-6	Il gruppo degli omega-3 ed omega-6 sono acidi grassi che combattono lo stress, proteggono il cuore e la pelle e tengono sotto controllo la pressione sanguigna. Si tratta di acidi grassi polinsaturi detti "essenziali" poiché, data l'incapacità del nostro organismo di sintetizzarli/produrseli in proprio, devono obbligatoriamente essere introdotti con la dieta; vanno assunti nelle giuste proporzioni: 5:1 / 6:1.
	Acido ascorbico o Vitamina C	L'acido ascorbico è un potente antiossidante, facilita l'assorbimento del ferro, stimola e rafforza le difese immunitarie, ha un'azione neuro-protettiva.
	Acido folico o Vitamina B9	L'adeguato apporto di acido folico è indispensabile per la prevenzione di gravi malformazioni neonatali, in particolare a carico del tubo neurale/midollo spinale: esempio 'spina bifida'.
	Carotenoidi	I carotenoidi sono precursori della Vitamina A (betacarotene, licopene e luteina). In particolare, il licopene ha una forte azione antiossidante e antitumorale.
	Polifenoli, Resveratrolo e Antociani	Le proprietà dei polifenoli possono essere riassunte in antiossidanti, antinfiammatorie e antibatteriche. In particolare, il resveratrolo è un polifenolo dall'elevata proprietà antiossidante, con funzioni protettive contro le malattie cardiovascolari.
	Isoflavoni	Gli isoflavoni hanno la capacità di ridurre l'incidenza del rischio di carcinoma mammario e di fratture ossee; agiscono anche sulla riduzione dei disturbi neurovegetativi, quali vampate, sudorazione, eccessiva irritabilità. Infine, si è dimostrata l'azione degli isoflavoni nella riduzione del rischio da malattie cardiovascolari: riducendo i livelli di colesterolo cattivo (LDL) nel sangue e aumentando i livelli di quello buono (HDL).
	Steroli vegetali	Gli steroli vegetali hanno un ruolo nella riduzione dei livelli di colesterolo e, di conseguenza, nella prevenzione delle patologie cardio-cerebro-vascolari, noti anche come "fitosteroli".
	Teanina e teine	Le teine posseggono una buona funzione stimolante, antistress ed anche anti-ipertensiva. Quest'ultima attività potrebbe quindi ridurre i danni, sia cerebrali che cardiaci, correlati all'ipertensione.
	Fibra alimentare	La fibra alimentare, sebbene priva di valore nutritivo, e non potendosi pertanto considerare un cibo, esercita effetti di tipo funzionale e metabolico nel nostro intestino che la rendono un importante componente della dieta umana; aumenta il transito intestinale, prolunga il senso di sazietà, riduce il picco glicemico.
	Vitamina E	Gli effetti benefici della vitamina E sulla salute umana vanno ricercati principalmente nella sua funzione antiossidante, nei processi anti-infiammatori e, nella sua azione antiaging.

RIEPILOGO DEL CAPITOLO 3:

- **Segreto n. 1:** La tua spesa deve essere fatta prevalentemente di alimenti vari, stagionali e di provenienza locale, in modo da consumare durante la settimana cereali integrali, legumi come maggiore fonte di proteine, seguiti da pesce e carne non ultra-processati, insaccati o conservati sotto sale. A ogni pasto inserisci frutta e verdura di stagione, ricchi di micronutrienti.

- **Segreto n. 2:** Nel fare la spesa, modera l'acquisto di alimenti che presentano una quantità importante di grassi, così come limita l'uso di grassi per cucinare, altrimenti, usali in modalità cruda nei piatti che prepari. Limita il consumo di grassi di origine animale, preferendo a questi quelli di origine vegetale. Mangia più volte a settimana pesce azzurro, ricco di acidi grassi essenziali come gli omega-3. Quando acquisti prodotti confezionati, leggi prima l'etichetta in cui sono riportati i quantitativi di grassi, dando la preferenza ai prodotti che contengono meno grassi saturi.

- **Segreto n. 3:** Modera il consumo quotidiano di zucchero che aggiungi tu agli alimenti (caffè, tè, dolci fatti in casa, preparazioni varie) ma soprattutto quando fai la spesa, evita di acquistare alimenti zuccherati dall'industria, come snack, caramelle e bevande zuccherate.

- **Segreto n. 4:** Se proprio non puoi evitarlo, consuma le bevande zuccherate solo occasionalmente, mentre impara a leggere l'etichetta dei prodotti confezionati, come insaccati e la birra, per accertarti del contenuto di zucchero che è stato aggiunto ed espresso in grammi su 100 grammi di prodotto. Infine, evita il consumo di bevande zuccherate come sostituti dell'acqua per accompagnare i tuoi pasti e soprattutto quelli della sera. Non sostituire mai l'acqua con queste bevande. Prendi l'abitudine di preferire l'acqua per dissetarti. Nulla può sostituire l'acqua naturale come migliore dissetante.

- **Segreto n. 5:** Riduci il consumo di sale in cucina e a tavola. Per questo, limita nella tua spesa l'acquisto di condimenti alternativi come salse pronte e insipidatori come il comune "dado". Impara a sostituire il sale e gli insipidatori artificiali con le erbe aromatiche, le spezie o gli odori, come il sedano, l'aglio o la cipolla, anche in formato essiccato. Gli alimenti trasformati (prodotti da forno, salumi, olive da tavola) e i formaggi stagionati devono essere consumati saltuariamente, poiché hanno alti contenuti di sali. Leggi l'etichetta ogni volta che stai per acquistare un prodotto, per sapere quanto sodio è contenuto in quell'alimento. Quest'abitudine è molto importante per un funzionamento ottimale di tessuti e organi del tuo corpo.

Capitolo 4:

Come fare una spesa sana in appena 5 mosse

"Noi siamo quello che mangiamo" (Ludwig Feuerbach)

L'argomento che adesso voglio condividere con te in questo capitolo è uno di quelli su cui mi sento orgogliosa di me stessa, ma che è particolarmente complesso e difficile da affrontare, perché tratta di come mi organizzo per fare la spesa. Ti racconterò il mio metodo per fare una spesa sana.

Ma perché dico di essere orgogliosa del mio metodo? Perché, per una donna, fare la spesa è una di quelle cose che ci appartengono e di cui, ognuna di noi ha la sua personale soluzione e quindi non è disposta a metterla in discussione davanti agli altri. Questo significherebbe riflettere su qualcosa di sbagliato, che, con il tempo, è diventata un'abitudine.

Si sa che non va bene ma non si ha la forza di volerla cambiare e quindi la si difende con ogni scusa possibile. Si continua a sbagliare semplicemente perché quella cosa è stata fatta sempre così. Si chiama abitudine e noi tutti siamo schiavi delle abitudini.

Quando le abitudini sono delle buone abitudini, ci permettono di vivere felici e sereni, quando, invece, si tratta di cattive abitudini e non ce ne accorgiamo, beh! Allora, cambia tutto.

Siamo sempre arrabbiati, infelici, apparentemente senza via d'uscita ma, allo stesso tempo, senza il coraggio di ammettere che stiamo sbagliando qualcosa e quindi di prendere l'impegno di cambiare quella cosa.

Saper fare la spesa scegliendo solo prodotti sani è un modo per iniziare a cambiare una cattiva abitudine alimentare, che, con il tempo, ti porterà a vivere meglio, ad essere più felice, a stare in salute, in una sola parola, ti porterà "benessere".

Questo è il mio obiettivo in questo libro e, di seguito, vedrai che, svelandoti i miei 5 segreti per fare una spesa sana, che sarà adatta ai tuoi obiettivi, arriveremo insieme a condividere lo stesso obiettivo: vivere una vita nel benessere.

Ma prima di iniziare a svelarti il mio metodo, ho bisogno che tu ti fida di me. So che chiedere di fidarsi di qualcuno non è facile, ma quello che ti sto per rivelare è un metodo che ho testato per tanti anni, fino a farlo diventare un vero e proprio progetto che oggi si chiama "Saperi Locali".

Quindi, è un metodo basato sì sulla conoscenza ma, soprattutto, su azioni ripetute nel tempo fino a diventare un'abitudine automatica. Non è una scienza esatta ma una inevitabile conseguenza di buone pratiche. Parto quindi dagli studi che mi hanno permesso di comprendere i fenomeni scientifici e tecnici.

Grazie al mio percorso universitario, ho sempre avuto la passione per lo studio dei processi metabolici nella cellula e su come funziona il nostro corpo e, siccome non tutte le cellule del nostro corpo hanno la stessa funzione, non esiste una sola soluzione che soddisfa, allo stesso modo, il loro fabbisogno nutritivo. Per questo, alimentare correttamente il nostro corpo è molto difficile.

Questo vale sia se parliamo di cosa portiamo a tavola, sia di quello che utilizziamo per la nostra toilette. Il concetto non cambia, poiché si tratta dei due luoghi in casa in cui viene nutrito il nostro corpo:

per bocca o attraverso la pelle che assorbe tutto quello che le viene spalmato sopra.

Mio marito, invece, è un appassionato di agricoltura, anche perché è figlio di agricoltori ed è cresciuto nella fattoria di famiglia. A lui piace studiare le tecniche, i processi che portano a realizzare i prodotti. Quindi, sia come è stata coltivata una lenticchia ma anche come è stato realizzato un formaggio.

Per rendere sano un prodotto ci vuole anche la tecnica giusta, altrimenti si tratta di un prodotto genuino ma non sano, di un prodotto buono ma non sano.

Tutto però parte dalla passione. Ci vuole passione per andare in giro per le aziende agricole, parlare con i contadini, dare un giudizio su un prodotto: "Paola, questo prodotto è veramente ottimo!", oppure, "lascia stare, è buono ma non va bene per noi!". Questo è il nostro "dietro le quinte".

So, perfettamente, che non ti posso chiedere la stessa competenza e la stessa attenzione quando tu fai la spesa. Non hai tempo, forse non hai tutte le informazioni che ti servono e, soprattutto, non ti servono tutte le informazioni che io e mio marito coltiviamo con passione da anni.

Quello che però, qui, di seguito ti voglio trasferire è un metodo: come riconoscere un prodotto sano ovunque ti rechi a fare la spesa, a partire dal mercato dei contadini fino al supermercato sotto casa. Un metodo semplice, facile, applicabile da chiunque ma a patto che ti impegni a seguire ogni fase, facendola diventare la tua nuova abitudine.

Una spesa sana, come tante attività che facciamo normalmente, deve iniziare da una buona pianificazione. Questa va fatta a casa, possibilmente un giorno preciso, lo stesso momento della settimana; durante i tuoi 7 giorni settimanali, trova il momento per fare la spesa a tavolino.

Questo sarà il momento dedicato alla spesa ogni settimana futura. Infatti, quello che ti suggerisco è di ripetere le regole sempre, fino a farle diventare la tua abitudine. Rifletti, pensa, scrivi una tua tabella con righe e colonne che dedicherai ai giorni e ai cibi che porterai a tavola e da qui troverai gli ingredienti.

In questo modo, sarai certa di quali prodotti devi acquistare e in che quantità, evitando di comprare prodotti in eccesso, che sistematicamente ti trovi a doverli consumare ma, essendo in eccesso, che ti faranno male perché eccessivi rispetto alla tua dieta, oppure, se non li consumerai, ti faranno stare male per i soldi che avrai buttato nella pattumiera. Inoltre, e non è una cosa da niente, non avrai mai il problema di pensare all'ultimo momento a che cosa devi preparare a pranzo o a cena.

Quello che stai pianificando, deve essere bilanciato e adatto allo stile di vita delle persone destinatarie della tua spesa. Questo, forse, è il momento più complicato della pianificazione, perché in una famiglia non è facile trovare, per 7 giorni e almeno 3 volte al giorno, gusti simili e le stesse esigenze nutrizionali, ma, proprio perché è un'operazione difficile quella di accontentare tutti i palati con un'unica soluzione, la pianificazione di quello che cucinerai è importante farla in solitaria e in tranquillità.

Quindi, trovati un momento di serenità in casa in cui nessuno può disturbarti o distrarre dal tuo compito.

Devi sapere che il nostro corpo, per il suo metabolismo, ha necessariamente bisogno di una determinata quantità di energia, di determinate proteine, carboidrati e acidi grassi, vitamine, sali ed elementi minerali che devono essere presenti nei cibi che andrai a distribuire nei diversi pasti della giornata e della settimana.

La dieta settimanale, come quella giornaliera, deve essere più varia possibile, individuando una miscela di ingredienti che rende buono il pasto. Infatti, il modo come combinerai i singoli alimenti renderà buono ma non sano un pasto, o peggio ancora, può renderlo sano ma non buono, mentre il tuo obiettivo deve essere quello di rendere buono e sano quello che porti a tavola.

Il nostro regime alimentare dovrebbe essere appropriato al proprio stile di vita, il che significa, ad esempio, che i bambini hanno bisogni nutritivi diversi dagli anziani.

Questo per dire che, per prima cosa, bisogna iniziare a soddisfare il metabolismo basale di ciascun componente della famiglia, poi, andrai a bilanciare la quantità del pasto sulla base del singolo fabbisogno metabolico che, invece, è legato alla necessità di ciascuno di consumare la giusta quantità di cibo per le proprie attività.

Quindi, quantità e qualità del cibo, non solo variano rispetto all'età ma anche rispetto a quello che la persona fa durante la giornata. La dieta giornaliera di una persona che fa molto sport non è uguale a quella di una persona che fa una vita sedentaria. Ciò, porta ad affermare che è importante non mangiare troppo, così come non troppo poco rispetto al proprio fabbisogno.

Per definire esattamente il tipo di cibo e la quantità che ogni componente della tua famiglia deve consumare, puoi farti aiutare da un professionista della nutrizione. Sbagliando, si pensa al nutrizionista come quella persona esperta per farti dimagrire, invece, il nutrizionista lavora molto meglio prima che sorge un problema.

Una corretta alimentazione aiuta moltissimo la prevenzione di malattie e disturbi metabolici e quindi, il nutrizionista non dovrebbe mai mancare tra gli esperti che ci aiutano a stare bene. Io mi reco dal medico perché sto male, invece, mi reco dal nutrizionista perché sto bene. Tu cosa preferisci fare?

Regola n. 1: Pianificare i pasti della settimana, utilizzando un foglio Excel o una tabella che ti crei con un foglio, mettendo in colonna i giorni della settimana e nelle righe i momenti del pasto, come colazione, pranzo, cena e spuntini. Poi, scrivi nelle celle, quello che ti piacerebbe consumare, secondo ciò che il territorio ti offre in quella determinata stagione.

Quindi, scegli l'alimento appropriato in modo bilanciato all'attività che devi svolgere durante la giornata e distribuisci i tuoi fabbisogni all'interno dei tuoi pasti. Il risultato finale sarà una tabella con i pasti programmati per la settimana che arriva e una lista di prodotti che devi acquistare per fare la tua spesa sana.

Uno dei primi risultati che potrai apprezzare è quello di aver guadagnato del tempo e risparmiato soldi nel fare la spesa. Questo lo noterai subito, prima ancora degli effetti sulla tua salute.

Non puoi, però, pianificare gli stessi pasti per tutte le settimane dell'anno, così come non indossi lo stesso abito per tutte le stagioni. Ogni settimana, appartiene alla sua stagione e al suo momento, anche perché, sempre più spesso le stagioni non sono così nette, distinte le une dalle altre (ovviamente, mi riferisco a quella che precede o che segue la stagione presente).

Gli effetti del cambiamento climatico non solo incidono sulla natura e sulle stagioni ma, anche, sul tuo corpo. Quindi, se in una determinata settimana d'inverno non fa quel freddo che ti aspettavi, il tuo corpo avrà un metabolismo basale diverso rispetto a quello che, magari, era stato la settimana precedente.

È ovvio che non ti sto dicendo che devi prevedere che tempo farà durante la settimana, ma di tener conto di come ogni giorno si presenta per decidere se cucinare un piatto più o meno calorico.

Questa capacità di adattare la tua dieta agli eventi esterni, fa sì che ogni giorno le tue scelte sono il più possibile in armonia con la natura e con l'ambiente che ti circonda.

Quindi, fai attenzione alle previsioni del tempo anche per scegliere i piatti e gli ingredienti che porterai a tavola la prossima settimana. Per fare questa scelta, in genere, ti aiuta anche la campagna circostante al luogo in cui vivi che, come per il tuo corpo, è influenzata dagli eventi esterni e quindi produce verdure, ortaggi e frutta, più o meno abbondanti, a seconda delle condizioni atmosferiche locali.

Un'altra scelta che ti consiglio è di prediligere i prodotti biologici, i prodotti integrali, i prodotti naturali che sono stati poco o per nulla processati dall'uomo. Anche in questo caso, cerca di privilegiare prodotti realizzati e/o coltivati da piccole aziende della provincia italiana dove puoi avere più informazioni della filiera sottostante.

A me non piace il biologico commerciale, quello, per capirci, da supermercato, senza storia e senza onore. Quel biologico, non rappresenta quello che per me significa consumare un prodotto "naturale".

Ritengo che il fabbisogno nutrizionale di ciascuno di noi deve essere, più possibile, legato al territorio in cui la persona vive. L'epigenetica, una branca della genetica, ci dice che il nostro corpo è fortemente influenzato, nella sua espressione genica, anche dalle nostre scelte relative al modo di vivere, dal cibo che mangiamo, l'esercizio fisico che facciamo, dall'ambiente che ci circonda.

Per questo, consiglio di nutrirti bene con prodotti naturali, a filiera corta e possibilmente locali o che sono originati da specie viventi e varietà che sono sempre state parte della tua dieta.

La vita non è qualcosa che puoi vivere dentro un'ampolla di vetro, al riparo da tutto ciò che ci circonda, poiché tutto ciò che ti circonda è parte della tua vita.

Se non hai particolari problemi di intolleranze con l'alimentazione, il mio consiglio è di acquistare e utilizzare cibi più integrali possibile, poiché ogni parte di un alimento è necessaria alle singole funzioni del nostro organismo.

Non ti sto dicendo di mangiare solo cibi integrali ma di inserire nella tua dieta dei cibi integrali, a seconda della tua capacità di metabolizzarli. Non tutti hanno le stesse capacità e, quindi, devi fare delle prove.

Cereali, legumi, frutta, verdura e ortaggi, è importante che vengano consumati in tutte le loro parti edibili, compresa la parte esterna, come la buccia, poiché, soprattutto, questa parte esterna è quella più ricca di sostanze minerali e di fibra alimentare, che hanno le funzioni di regolarizzare il transito intestinale e l'equilibrio della flora batterica che servono al tuo intestino per stare in salute.

Vedrai che non avrai bisogno di integratori alimentari multivitaminici e multi-minerali per vivere bene.

La mia speranza, che voglio condividere con te, è di vivere ogni giorno la nostra necessità alimentare, in armonia con il creato che ci circonda, qualunque esso sia. Vedrai che questo ti darà felicità.

Regola n. 2: Fai la tua spesa scegliendo prodotti locali o che hanno sempre fatto parte della tua dieta, che siano stagionali e possibilmente biologici cosicché, se ti è possibile, puoi consumarli interamente.

Introduci nella tua dieta alcuni cibi integrali, aiuterai il tuo intestino a lavorare meglio, raggiungendo un transito intestinale regolare: fornirai alla flora batterica i nutrienti adeguati al loro equilibrio e lavorerai sulla prevenzione di alcune patologie, migliorando la tua salute e l'espressività genetica delle tue cellule, che andranno meno incontro ad alterazioni negative per la vita.

Hai finalmente, pianificato cosa ti serve per preparare i tuoi pasti ogni giorno della settimana che verrà. Hai già pianificato come accoppierai i cibi e le quantità giuste che ti servono. Hai verificato se è possibile scegliere un cibo integrale da inserire nei tuoi pasti. Bene, ora scrivi la tua lista della spesa e seguila scrupolosamente per tutte le settimane della stagione presente se l'andamento stagionale è regolare (altrimenti, vale quanto detto prima di adattare la tua dieta agli sbalzi climatici eventuali).

Pianificare la lista della spesa, ti aiuta anche a pianificare il budget che ti serve per soddisfare il tuo fabbisogno alimentare.

Sappi che le statistiche ultime sulle abitudini degli italiani nel fare una spesa sana[1], dicono che siamo in una fase di aumento del trend. Sempre più italiani prediligono il ritorno alla dieta mediterranea fatta di cibi sani. Quindi, se spendi il tuo budget mensile per acquistare prodotti sani, stai facendo la cosa giusta.

Però devo dirti anche che quando ti rechi a fare la spesa, non devi andare a stomaco vuoto. Sembra un consiglio stupido ma è frutto di studi di marketing. Gli esperti del marketing sanno perfettamente che, se vai a fare la spesa quando il tuo senso di fabbisogno è alto, allora ci saranno molte probabilità che tu acquisterai quello che, idealmente, tende a soddisfare tale fabbisogno.

Dopotutto, cos'è fare la spesa se non l'ancestrale bisogno dell'uomo primitivo di procurarsi da mangiare nella savana?

---

[1] Rapporto Coop 2019 (https://www.italiani.coop/rapporto-coop-2019-versione-definitiva/) e Primo Rapporto Philips sull'Economia e il Benessere del 2019 (https://www.philips.it/a-w/about/news/archive/standard/news/press/2019/20190605-philips-presents-the-first-report-on-the-economy-of-wellness.html?src=search).

Milioni di anni fa, quando i nostri avi avevano bisogno di qualcosa, facevano di tutto per procurarsi quella cosa: andavano a cacciare gli animali per procurarsi la carne; andavano a raccogliere frutta, verdura e tuberi per procurarsi i vegetali.

Oggi, abbiamo sostituito questo comportamento atavico con quello di salire in macchina, o di farci una cammina a piedi, e di entrare con il nostro portafoglio dentro un esercizio commerciale dove comprare ciò che ci serve. Niente di più, niente di meno.

Allora se tu vai a fare la spesa quando hai fame, finisci che sceglierai di comprare molto più cibo di quanto ne hai realmente bisogno, soprattutto gli esperti del marketing ti indurranno a comprare prodotti buoni, costruiti per deliziare i palati ma non sempre ottimali per la tua salute.

Spesso la tua mano, inconsapevolmente, afferrerà proprio i prodotti che stimolano sensazioni di benessere, di appagamento, la soddisfazione del tuo istinto prevarrà nei confronti della tua ragione.

Quindi, non esporre il tuo istinto alle leve subdole del marketing. Almeno una volta su due, l'istinto vince sulla ragione e questo non lo devi permettere.

Quando vai a fare la spesa, non farti accompagnare da persone facilmente influenzabili dalla pubblicità, come i bambini. Le loro richieste non sono capricci ma frutto della réclame che vedono in TV e se non è la réclame a comandare i loro bisogni, allora ci penseranno il sale e lo zucchero, che le aziende aggiungono ai prodotti per renderli irresistibili al gusto dei meno esperti, a dettare legge.

Non sottovalutare il potere che hanno questi ingredienti sulla mente umana. Sono dei cibi potentissimi in grado di guidare i nostri desideri.

Pensa a come alcune aziende sono in grado di convincere le persone a consumare taluni cibi che è risaputo che fanno male alla salute, ma che diventano un "momento di felicità" durante i pasti delle famiglie che ci fanno vedere nella loro pubblicità?

Un altro stratagemma per convincerti a comprare quello che l'industria alimentare desidera è la posizione degli alimenti negli scaffali del supermercato.

Quante volte hai trovato posizionati proprio all'altezza dei tuoi occhi, quello che non è proprio il cibo ideale per una salute ottimale? Sempre. È il cibo che costa di meno e quindi che vale anche di meno in termini nutrizionali ma che si vende di più. Questa è una delle tecniche di vendita, studiate per anni e che funziona sempre.

Quindi, occhio alla pubblicità e alle regole del marketing quando fai la spesa, soprattutto, quando provano a venderti del cibo o prodotti che non servono affatto al tuo fabbisogno nutrizionale.

Regola n. 3: Vai a fare la spesa, da sola e dopo aver pranzato. Mai, prima di pranzare o di cenare ma soprattutto, mai a stomaco vuoto e accompagnata da persone facilmente influenzabili dalla pubblicità o dal "junk food" (cibo spazzatura).

Segui e non allontanarti dal tuo budget settimanale destinato all'attività di procurarti il cibo. Se sai cosa comprare, sai anche quanto puoi spendere. Tutto il resto è superfluo e "può danneggiare gravemente alla salute".

Quante volte hai sentito dire che la qualità costa. Questa affermazione è vera se parliamo di vera qualità. Per me la qualità della spesa alimentare si misura con la capacità del prodotto di apportare sostanze nutritive, macro e micro, fondamentali per il mio benessere fisico e, non solo, di come è stato ottenuto, di come si presenta al gusto o all'uso che ne devi fare.

Per questo, il mio parametro di qualità non è direttamente proporzionale alla notorietà di quel prodotto sul mercato. Nemmeno misuro la qualità dal prezzo. Non sempre ciò che è buono per la tua salute deve essere per forza anche caro o il più caro sul mercato.

Certo, non dico che la qualità nutrizionale costa poco. Anzi. Dico solo che, non sempre fare un cibo di qualità significa venderlo a caro prezzo.

Quindi, come puoi acquistare cibo di qualità senza spendere tanto? Intanto, inizia a comprare prodotti poco noti sul mercato, su cui non incidono costi di pubblicità e di marketing.

Le aziende per vendere di più, investono in pubblicità e in iniziative di marketing che costano e quindi, per poter recuperare tali costi, le aziende abbassano la qualità della materia prima o alterano il processo produttivo per ottenere una maggiore scaffalatura del prodotto (shelf-life).

Molte aziende alimentari oramai sono quotate in borsa o sono partecipate da fondi di investimento che a fine mese guardano gli incassi e i profitti, anche se questo può andare a scapito della qualità dei cibi che vendono sul mercato.

Un altro modo per risparmiare, acquistando cibi di qualità è quello di prediligere le aziende che usano meno imballaggi possibili o usano imballaggi economici. Anche in questo caso, l'incidenza di costo sul prodotto finale è bassa e quindi, il prezzo di vendita del prodotto riflette molto la qualità del prodotto offerto.

Seguendo questo filo logico del mio ragionamento, una delle tecniche di vendita che a me piace molto e che ti farà risparmiare, evitando costi inutili, è quella di acquistare prodotti sfusi.

L'acquisto del prodotto sfuso ti permette di acquistare un prodotto al netto dell'imballaggio, soprattutto, se il contenitore dove vorrai trasportare fino a casa il tuo prodotto, lo metti tu a disposizione.

Questo è sempre un metro di valutazione vincente: tu risparmi sulla tua spesa; il produttore risparmia nel confezionamento. Il commerciante risparmia sul contenitore; e l'ambiente risparmia sui rifiuti. Chi ci guadagna siamo tutti, compresa la tua salute.

Allora, io ti consiglio di spendere il meno possibile per qualcosa che è destinata ad essere un rifiuto e spendere il giusto per acquistare un alimento che ti fa bene.

Quindi, la prossima volta, procurati un tuo sacchetto di tela prima di andare a fare la spesa, porta con te i barattoli dove vuoi che ti vengono versati i prodotti che intendi acquistare, e cerca un esercizio commerciale che è disposto a venderti dei cibi in modalità sfusa dove tu puoi portare i tuoi contenitori.

Se tutto questo è difficile, almeno vai a fare la spesa con il tuo sacchetto di tela. Tienilo sempre a portata di mano, dentro la tua borsa. È utile e non inquina. Infine, se è pur vero che la qualità costa, è anche vero che se fa bene alla salute, costa di meno.

Infatti, è meglio spendere qualcosa in più per acquistare la quantità di prodotti che ti servono, evitando così gli sprechi alimentari, che spendere i tuoi soldi in cure mediche che sono solo un rimedio ad una qualità della vita che tende a peggiorare. Infine, ricordati che nessuno ti regala qualcosa se non ha un suo tornaconto. Quindi, occhio al prezzo e chiedi cosa stai pagando.

Regola n. 4: Concentrati sul costo reale del prodotto ed evita costi aggiuntivi che ti fanno spendere solo di più. Cerca di prediligere prodotti sfusi o confezionati in modo poco costoso, come parametro di valutazione per acquistare ciò che è utile a te.

Siccome non viviamo più nella savana e non dormiamo nemmeno dentro le caverne, il cibo che oggi ti procuri nella moderna savana della città, il supermercato, è facilmente identificabile nelle sue confezioni, belle, pratiche e soprattutto informate.

Ti sto parlando delle etichette presenti nei cibi, ovvero, di quelle informazioni che la legge chiede alle aziende di apporre nelle confezioni che contengono i prodotti e di quelle altre informazioni che, invece, le aziende scelgono di stampare per convincere il cliente ad acquistare quel prodotto.

Quindi, nella confezione trovi le informazioni obbligatorie che devono informare il cliente su cosa sta acquistando, e le informazioni marketing che, invece, servono ad attrarre e convincere il cliente ad acquistare.

Con il termine etichetta mi riferisco alle informazioni disciplinate dalla legge e in particolare alle informazioni che riguardano: produttore e luogo di produzione, il peso netto, gli ingredienti, gli emulsionanti, gli eccipienti, i conservanti, gli allergeni, la data di scadenza o di consumo preferibile, le calorie, gli effetti sulla salute.

Una regola che la legge prevede è che gli ingredienti vanno elencati per quantità presente in 100 grammi di prodotto. Alcune aziende specificano l'esatta quantità in peso, altre in percentuale, altre semplicemente specificano l'elenco degli ingredienti che va letto sempre in ordine decrescente (quindi, il primo ingrediente dell'elenco è quello contenuto in termini di peso maggiore nella composizione di quell'alimento).

Così, ad esempio, se lo zucchero è la prima o la seconda voce tra gli ingredienti di un prodotto, devi sapere che quel prodotto ha una quantità in zucchero molto importante, anche se non riesci ad avvertirlo al gusto (il dolce come il salato, sono gusti che facilmente si riescono a nascondere alla coscienza delle persone).

Ovviamente, il posizionamento in etichetta di un determinato ingrediente non dice se il prodotto è sano, ovvero, se è adatto al tuo fabbisogno. Dice solo che contiene quel determinato ingrediente e se è in proporzioni più o meno importanti per il tuo fabbisogno nutrizionale.

Quello che voglio dirti è che devi stare molto attenta a leggere le etichette prima di acquistare un prodotto, per evitare di acquistare qualcosa che è lontana dai tuoi obiettivi nutrizionali. Non fermarti alle informazioni di marketing presenti nella confezione. Quelle servono per convincerti all'acquisto ma non ti sono utili per capire se stai acquistando il prodotto giusto per te.

Quindi, occhio al contenuto in zuccheri semplici, in sale o suoi assimilati e in acidi grassi saturi: 3 ingredienti che devi tenere a freno se vuoi acquistare dei prodotti sani.

Regola n. 5: Prima di acquistare un prodotto, leggi sempre l'etichetta degli ingredienti e la tabella nutrizionale, per evitare di acquistare prodotti poco adatti al tuo fabbisogno nutrizionale.

Ora che ti ho rivelato i miei 5 segreti per fare una spesa sana, non ti rimane che applicarli ogni volta che ti rechi in un negozio per fare la tua spesa sana, fino a farli diventare la tua nuova e sana abitudine.

RIEPILOGO DEL CAPITOLO 4:

- **Segreto n. 1:** Pianifica i pasti della settimana scegliendo alimenti appropriati e bilanciati per l'attività che devi svolgere durante la giornata e distribuiscili all'interno dei tuoi pasti. In questo modo guadagnerai in salute, risparmierai soldi e tempo e avrai meno pensieri quando vai a fare la spesa.

- **Segreto n. 2:** Per la tua spesa, scegli prodotti locali, stagionali e possibilmente biologici, contribuirai a far crescere piccole aziende locali e a ridurre l'impatto ambientale. Con la scelta dei cibi integrali, aiuterai il tuo intestino a lavorare meglio, raggiungendo un transito intestinale regolare. Fornirai alla flora batterica i nutrienti adeguati al loro equilibrio e lavorerai sulla prevenzione di alcune patologie.

- **Segreto n. 3:** Stilare la lista della spesa, recarsi a fare acquisti a stomaco pieno e attuare un senso critico ai bombardamenti del marketing mediatico, sono accorgimenti che servono a farti evitare di comprare prodotti inutili e di spendere la giusta quantità di denaro. Tre cose che non bisogna darle mai per scontate e i cui effetti li puoi vedere nel tuo corpo, nel tuo spirito e nel tuo conto in banca.

- **Segreto n. 4:** Valuta il costo reale di un prodotto, tenendo conto dei costi di pubblicità e marketing che l'azienda affronta. Evita di acquistare prodotti in confezioni inutili e prediligi prodotti sfusi. Il nostro pianeta ringrazierà.

- **Segreto n. 5:** Leggi con attenzione le etichette e se ci sono troppi ingredienti o ingredienti che non fanno bene alla tua salute, riponi il prodotto sullo scaffale; non è quello che fa per te.

Capitolo 5:

Il progetto Saperi Locali e il suo futuro

"Ogni lungo viaggio inizia con un primo passo"

(Lao Tseu)

Come un figlio, anche Saperi Locali, il nostro quarto figlio, è destinato a crescere e si sa, crescendo, crescono anche i problemi ma anche le soddisfazioni. Figli piccoli, problemi piccoli. Figli grandi, problemi grandi.

Ma a me, piace pensarla un po' diversamente. Ovvero: figli piccoli, grande felicità; figli grandi, grande soddisfazione. Lo so che non è sempre così ma questa è la mia speranza. Ed è la stessa speranza che nutro per il nostro piccolo progetto: che un giorno ci dia grandi soddisfazioni. Con questo, cosa voglio dire?

Semplicemente, significa che, come un figlio, anche un progetto ti appartiene fino a quando è piccolo ma, via via che cresce, incomincia a diventare non più solo tuo.

Diventa anche degli altri, tante persone che lo fanno proprio nel loro cammino di miglioramento, di crescita personale, di assunzione di sane abitudini.

E allora, come genitori responsabili e consapevoli, anche io e mio marito siamo certi che questa cosa accadrà e dobbiamo fare di tutto perché possa accadere nel modo migliore possibile, perché il nostro progetto venga su bene, anche lui sano e forte e possibilmente rispettando le sue origini. Anzi, questo è il nostro nuovo obiettivo.

Fare di Saperi Locali un'esperienza che vada oltre il nostro piccolo negozio di Pescara, perché possano essere tante le persone che possiamo raggiungere fisicamente, aiutarle nel loro cammino di benessere e a diventare più sane.

Ora si sa, come tanti genitori, anche noi nutriamo grandi speranze per il nostro progetto ma queste da sole non bastano. C'è bisogno di altro e, come i figli hanno bisogno della scuola e di altre strutture sociali dove crescere, formarsi, confrontarsi e definire la loro personalità, anche per il nostro progetto stiamo facendo allo stesso modo. Solo che ad andare a scuola e a diventare una nuova persona siamo io, mio marito e tutte le nostre collaboratrici e collaboratori.

Così, nemmeno a un anno dalla fondazione di Saperi Locali, abbiamo portato il progetto a confrontarsi in una competizione regionale che premiava, finanziandoli, i migliori progetti di innovazione. Il nostro progetto è stato premiato con l'iniziativa partenariale "Sani – Saper Nutrire".

Ad affiancarci e ad aiutarci in questa nuova iniziativa abbiamo trovato il Cesi-Met (Centro di scienze dell'invecchiamento e Medicina Translazionale) della Facoltà di Medicina dell'Università degli Studi di Chieti-Pescara e Sinergie Education srl di Pescara.

Selezionato tra numerose proposte progettuali in ambito Agrifood, il Progetto SANI è stato finanziato dalla Regione Abruzzo su fondi POR FESR 2014-2020. Grazie a esso è stato possibile identificare e qualificare le proprietà nutraceutiche e l'impronta ecologica di prodotti agroalimentari provenienti da piccole aziende agricole abruzzesi, allo scopo di accrescere il consumo specifico di prodotti naturalmente sani.

Con SANI, Saperi Locali si è avvicinata, concretamente, al mondo della sostenibilità ambientale, misurandone scientificamente l'impronta ecologica e al sapere scientifico sulle proprietà nutraceutiche dei prodotti naturali.

Ora, un conto è studiare queste cose sui libri o sui video-corsi, un conto è conoscere ed ascoltare dal vivo luminari della materia e partecipare, con questi, a rendere la vita migliore per i nostri clienti su base scientifica, attraverso i prodotti che selezioniamo.

Chiaramente, i miei studi in biologia e quelli in agraria di mio marito, ci hanno molto aiutato a comprendere i termini e i significati di quello che abbiamo fatto ma il risultato è stata una crescita molto importante del nostro bagaglio culturale. Dei nostri "saperi", in questo caso, "universali".

Inoltre, con noi, sono cresciute anche le piccole imprese agricole che abbiamo coinvolto nel progetto, attraverso varie iniziative di sensibilizzazione e di studio, e i nostri clienti che ci hanno seguito in tanti seminari che abbiamo organizzato sul tema dei cibi sani e su come consumarli.

Ma SANI, per noi, è stato solo l'inizio del percorso di crescita. Infatti, dopo aver completato, in senso burocratico, il progetto SANI, siamo partiti con la formazione sulla crescita e le strategie aziendali e poi sul marketing diretto.

Si tratta di iniziative che ci stanno aiutando a diventare persone diverse e quindi a donare valore al progetto Saperi Locali.

Oggi, siamo pronti ad affrontare nuove sfide, come quella di aver portato il progetto al riconoscimento come azienda certificata biologica, poi a quello successivo di "benefit company" e quindi, perché no, verso lo sviluppo seriale di piccoli punti vendita sul territorio nazionale ed europeo.

Il nuovo obiettivo è fare di Saperi Locali una catena di esperienze imprenditoriali diverse ma tutte accomunate in un percorso comune. Vogliamo formare una nuova squadra di persone che della nutrizione sana ne facciano un obiettivo e uno stile di vita.

Vogliamo offrire l'opportunità a tanti giovani biologi e nutrizionisti di confrontarsi con il mercato, sperimentando in prima persona che la dieta corretta nasce, innanzitutto, da una ottima selezione dei prodotti da consumare. Saper fare una "spesa sana" è una sfida, prima che del cliente, lo è per il negoziante che non è più il classico "bottegaio" di una volta, ma un esperto della nutrizione, che sa scegliere sul mercato i migliori prodotti, sa ascoltare i dubbi e le aspettative del cliente e, quindi, sa consigliare cosa il cliente dovrebbe consumare perché possa migliorare il suo stato di benessere.

Uscire dagli schemi classici, vetusti, anacronistici del commercio speculativo è quello che chiediamo a tutte quelle persone che vogliono affiancarci in questa nuova fase del nostro progetto.

Stiamo parlando di "imprenditori" che, insieme a noi, vogliono sperimentare un nuovo modo di fare impresa. Parliamo di un'impresa che apporta benefici ai clienti, al territorio circostante, all'ambiente, alla popolazione.

Non stiamo parlando solo di avviare un'attività in licenza o in franchising. Di attività in franchising sulla vendita di prodotti biologici, prodotti sfusi, di piccola ristorazione biologica o vegana, ce ne sono tante e sarebbe sciocco proporne un'altra come le altre.

No, stiamo parlando di un'attività che è parte di una rete complessa ma allo stesso tempo semplice, fatta di tante persone che condividono il medesimo obiettivo, il medesimo percorso.

Stiamo parlando di un'attività che ha l'obiettivo di migliorare la salute delle persone attraverso l'offerta di prodotti sani, sia venduti come tali, sia come pasti pronti, dove l'informazione è parte della vendita: è il valore aggiunto, quello che il cliente non "compra", ma "riceve", è il consiglio, l'aiuto, la mera offerta di un prodotto che gli fa bene, piuttosto che la scelta di vendere un qualsiasi prodotto che rende economicamente di più all'imprenditore ma sia poco utile alle esigenze nutrizionali del cliente.

Stiamo parlando di fare dell'interesse del cliente ad una vita sana, l'interesse stesso dell'azienda. Non stiamo parlando di cose che sono facili da fare. Anzi.

Da quando abbiamo aperto il nostro negozio a Pescara, ho iniziato a studiare molto più di prima. Molto più di quando ero all'Università.

E allo stesso tempo, ascolto le persone e cerco di trasmettere a queste il mio sapere, quindi, devo comunicare e non per vendere un prodotto ma per farmi comprendere dalla persona che mi chiede un consiglio su come affrontare un problema. E vi giuro, ho incontrato ed incontro dubbi di tutti i tipi. Però, aiutare le persone mi fa stare bene.

Per questo, insieme a tutte quelle colleghe e colleghi che vogliono sperimentarsi e unirsi al nostro cammino, mi piace pensare di poter stare accanto a tutte le persone che ci sarà possibile. Essere un punto di riferimento per chi, come me, da anni sta cercando, tutti i giorni, di fare una spesa sana, sempre più difficile, sempre più complicato se non si ha la possibilità di avere degli esperti a fianco.

Tutti gli imprenditori che si vorranno unire a noi in questo cammino, devono sapere che li aspetta una formazione continua che li porterà a diventare "esperti del benessere", che ancor prima di parlare di come mangiare e cosa mangiare, devono saper distinguere un alimento da un altro, a partire dal loro processo produttivo e poi dalla loro funzione metabolica.

Oggi, un esperto del benessere è una persona che possiede una conoscenza completa di ciò che viene consumato come alimento o come cosmetico. Tramite la conoscenza è in grado di saper scegliere il prodotto che va messo in vendita e poi da suggerire al cliente come soluzione ottimale.

Questo è quello che Saperi Locali fa già oggi e si appresta a fare, ancora meglio, nel suo prossimo futuro. Stiamo già lavorando e spero che, nelle more di pubblicazione di questo libro diventi già una realtà, ad un nuovo modello di vendita: un plurinegozio, dove è possibile fare la spesa ma anche consumare pasti pronti, semplici e veloci.

Un luogo della nutrizione sana, del sapere nutrizionale. Un'accademia della dieta italiana, mediterranea.

Tanti piccoli plurinegozi sparsi nel tessuto urbano per essere a fianco delle persone che hanno bisogno di noi e del nostro sapere per stare meglio, per avere una vita meno stressata dai problemi nutrizionali, per avere soluzioni semplici per far crescere i loro figli in modo sano, lontani dal grande potere persuasore del "junk food" (cibo spazzatura).

Perché tutto questo diventi una nuova realtà nazionale, abbiamo bisogno anche di chi ci aiuti finanziariamente, di chi crede che investire in un progetto sano sia un saggio investimento.

Come un figlio che diventa grande ed è arrivato al momento di andare a studiare all'Università, anche per il nostro progetto è arrivato il momento di confrontarsi con il mondo là fuori, di apprendere le scienze superiori dell'impresa.

Per questo, servono altre persone che come noi sono interessate a far crescere insieme questo progetto e altre persone, che ci diano il loro sostegno, fiducia e competenze per affrontare tutte le sfide che ci attendono e che porteranno Saperi Locali a un altro livello.

RIEPILOGO DEL CAPITOLO 5:

- **Segreto n. 1:** Come un figlio, anche un progetto ti appartiene fino a quando è piccolo ma, via via che cresce, incomincia a diventare non più solo tuo. Diventa anche degli altri.

- **Segreto n. 2:** Fare di Saperi Locali un'esperienza che vada oltre il nostro piccolo negozio di Pescara, perché possano essere tante le persone che possiamo raggiungere fisicamente, aiutarle nel loro cammino di benessere e a diventare più sane.

- **Segreto n. 3:** Vogliamo offrire l'opportunità a tanti giovani biologi e nutrizionisti di confrontarsi con il mercato, sperimentando in prima persona che la dieta corretta nasce, innanzitutto, da una ottima selezione dei prodotti da consumare. Saper fare una "spesa sana" è una sfida, prima che del cliente, lo è per il negoziante che non è più il classico "bottegaio" di una volta, ma un esperto della nutrizione, che sa scegliere sul mercato i migliori prodotti, sa ascoltare i dubbi e le aspettative del cliente e, quindi, sa consigliare cosa il cliente dovrebbe consumare perché possa migliorare il suo stato di benessere.

- **Segreto n. 4:** Ci siamo posti come obiettivo quello di migliorare la salute delle persone attraverso l'offerta di prodotti sani, sia venduti come tali, sia come pasti pronti, dove l'informazione è parte della vendita; è il valore aggiunto, quello che il cliente non "compra" ma "riceve", è il consiglio, l'aiuto, la mera offerta di un prodotto che gli fa bene, piuttosto che la scelta di vendere un qualsiasi prodotto che rende economicamente di più all'imprenditore ma sia poco utile alle esigenze nutrizionali del cliente.

- **Segreto n. 5:** Prossima tappa? Fondare un nuovo modello di vendita: un plurinegozio, dove è possibile fare la spesa ma anche consumare pasti pronti, semplici e veloci. Un luogo della nutrizione sana, del sapere nutrizionale. Un'accademia della dieta italiana, mediterranea. Tanti piccoli plurinegozi sparsi nel tessuto urbano per essere a fianco delle persone che hanno bisogno di noi e del nostro sapere per stare meglio, per avere una vita meno stressata dai problemi nutrizionali, per avere soluzioni semplici per far crescere i loro figli in modo sano, lontani dal grande potere persuasore del "junk food" (cibo spazzatura).

Conclusione

"Nutrire il tuo corpo in modo sano, ti fa stare bene"
(Questa è la mia personale massima)

Bene, siamo arrivati alla conclusione di questo primo nostro viaggio insieme in cui hai appreso come, adottando semplici accorgimenti nutrizionali, a partire da cosa scegliere di acquistare, ti porta a vivere una vita più sana.

Il mio intento infatti era quello di fornirti semplici spunti e pratici strumenti in grado di aiutarti a fare la tua spesa sana senza spendere cifre esorbitanti. Si, perché spesso l'immaginario collettivo del "mangiare sano" è che costa troppo, è roba da ricchi. Nulla di più sbagliato. Una delle frasi che spesso mi sento dire:" Si, mi piacerebbe ma io non me lo posso permettere".

In realtà, se imparerai piano piano a seguire questi semplici insegnamenti che ho messo a tua disposizione e a farli diventare le tue nuove abitudini, vedrai che ne vale veramente la pena per il tuo portafoglio e per la tua salute.

Ho voluto condividere con te le mie conoscenze, proprio perché mi sono resa conto che non è semplice fare attenzione a tutto ciò che mettiamo nel carrello, a trattenersi dalle tentazioni che riceviamo prima a casa quando siamo bombardati dalle pubblicità dei media e dei social e poi quando ci rechiamo fisicamente a fare la spesa.

Ma, sono sicura che con poco impegno riuscirai a fare tue queste semplici regole, in modo da raggiungere una tale sicurezza in te stessa che non avrai più paura di cadere in tentazione.

Spero che questo manuale ti sia stato utile per acquisire un certo senso di consapevolezza, e rimanga la tua guida di riferimento quando pensi di avere quel senso di smarrimento e per aumentare il tuo bagaglio di strumenti per vivere la tua vita quotidiana sana.

In questo tuo cammino di consapevolezza, non sarai sola, io posso continuare ad accompagnarti.

In che modo? Per prima cosa ti consiglio di visitare la pagina Facebook di Saperi Locali e il blog del sito (www.saperilocali.com/blog) dove periodicamente pubblichiamo contenuti sulle varie tematiche (dagli effetti di un cibo, alla ricetta per cucinarlo) che possono aiutarti a conoscere sempre meglio il potere del cibo e a come renderlo utile per la tua felicità e il tuo benessere.

Se poi vuoi metterti in contatto direttamente con me, beh! Allora non puoi che scrivermi su WhatsApp al numero **338.367.2711**, o alla mia e-mail: **paola@lamiaspesasana.it**.

Stammi bene,
Paola

www.ingramcontent.com/pod-product-compliance
Lightning Source LLC
Chambersburg PA
CBHW051440150726
48000CB00005B/2181